우리가 빈 곳이라 부르는 곳

최명선 시집

상상인 시인선 082

우리는 울타리의 또 다른 이름
감싸주며 함께 사는 눈 맑은 사람

•본문 페이지에서 한 연이 첫 번째 행에서 시작될 때에는 〈 표기를 합니다.
•저자의 의도에 따라 작품의 보조 동사와 합성 명사는 띄어쓰기가 달라질 수 있습니다.

시인의 말

하루의 저녁은 생의 늦가을

밀레의 저녁 종을 마음에 심어
두 손 모을 수 있게 하시니 고맙습니다

지는 일 없으면 피는 일도 없겠지요

곳곳에 밴 초록 자국 아직 분분하지만
갈빛도 희망

살뜰하게 지피도록 하겠습니다

2025년 가을
최명선

차례

1부 그립다
환하게 개인 처음 날빛이

말랑한 물의 집	19
이제 알겠다	20
겨울 소묘	21
남대천 와불	22
고사목	23
모노드라마	24
가면무도회	26
물방울, 물방울들	27
오죽했으면	28
그 바람을 다 품으시다	29
무던해진 쓸쓸함으로	30
소리 부처	31
타인인 듯 바라보기	32
그믐달	33
싱싱한 거래	34
말을 삭히다	36
자전 밖으로 쏟아지는 세상	37

2부 정말 보고 싶었노라고
　　　부치지 못한 내 푸르던 날

노을을 적시는 이름　　　　　　　41
나는 이제 황사黃砂가 아니다　　　42
개와 참에 대하여　　　　　　　　44
너와집 한 채　　　　　　　　　　45
고요의 서쪽　　　　　　　　　　46
입동 무렵　　　　　　　　　　　47
미끄럼틀 앞에서　　　　　　　　48
우리를 이루는 기도　　　　　　　49
아픈 손가락, 서른　　　　　　　　50
산막에 핀 바람꽃　　　　　　　　52
가품　　　　　　　　　　　　　　54
다시, 에움길에서　　　　　　　　56
무정처가 정처다　　　　　　　　58
꽃무릇 타고 오르는 계절　　　　　59
액자가 있던 자리　　　　　　　　60
침묵의 서사　　　　　　　　　　61
이름 없는 시인의 시집 속에는　　62
장마　　　　　　　　　　　　　　63

3부 여전히 꽃들은 오시고
어떤 꽃으로 오셨을까 헤아리는

다시 쓰는 민들레	67
그리운 국수	68
연두가 기울어 초록으로 구르는 동안	69
오독	70
황색 점멸등	71
모래와 모레	72
세상에서 가장 따뜻한 잠	74
엄마의 약방문	75
이름에 불을 켜 내거는 밤	76
청호동 갯배	77
그 바다의 끝	78
나비 가시다	79
잔잔하게 흐르는 풍경	80
부화를 위하여	81
꽃의 다정으로 오시는가	82
달도 옛 달이 아니다	83
겨울 일기	84
그런 줄도 모르고	86
가을이 지천일 때	87

4부 맨발의 나를 받아 걸던 깃대였으므로

나무의 기도문	91
눈사람에게 듣다	92
너무 아프지는 않게	93
변방을 위하여	94
핑크레이디	96
풍선이 글쎄	97
단단한 그리움	98
줄탁동시	99
꽃샘추위	100
청호동 연가	101
그해 남대천으로 흐르는 꽃	102
깃발, 홰를 치다	103
나무가 없는 숲	104
녹차를 마시다가	105
돌에 기대다	106
읽다가 만 책	107
가을 들녘에서	108
서설瑞雪	109

해설 _ 견딤과 그리움, 말랑하고도 단단한 역설의 언어   111
박완호(시인)

1부

그립다
환하게 개인 처음 날빛이

말랑한 물의 집

견디기보다 피하기를 택한 날들

제 몸 헐어 비를 품는
웅덩이를 보면서
내 그릇의 깊이를 생각했다

필요한 만큼만 채우고 흘려보내는
바닥 아래 그곳

먼저 와도 늦게 와도 텃세가 없어
뿌리 없는 자들이 마음 놓고 쉬다 가는

빗방울로 쌓아 말랑한 그 집은
별들도 드나드는 문이 없는 그 집은

이제 알겠다

지난밤 비바람에 벚꽃이 졌다

열흘도 못 앉을 꽃자리 찾아
겨울을 건너온 여리디여린 것들

잠시 머물다 간 생의 자리라서
빈자리는 저렇게 서늘한 걸까

하지만 가만히 들여다보니
초록색 알전구 안부처럼 켜놓고
마실 가듯 제집으로 돌아간 꽃

그 자리가 내 자린 줄 이제 알겠다
비우고 채우는 생의 꽃자리

내 자리가 그 자린 줄 이제 알겠다

겨울 소묘

살다 보면 견뎌야 할 때가 있듯이
겨울 들판에도 그런 목숨이 있다

가는 길 잃을까
잡초라는 이름으로 서로를 묶은 채
한 생을 닫는 들판의 겨울

그곳에는 모로 누운 풀의 계보를 버리고
망루 같은 밭둑에 꼿꼿이 서서
부고도 없이 떠나는 것들을 배웅하는
강아지풀이 있다

무심히 지나치던 나를 읽으며
반갑게 짖었을 묶음의 말에
바람이려니 돌아서다 걸음을 멈췄던

우리가 빈 곳이라 부르는 곳에는
그런 것이 있다
서로가 되기 위해 나를 버린
뒤편에는 지금도 그런 이름이 있다

남대천 와불

양양 남대천에 연어가 돌아왔다
수만 리를 되짚어 되짚어서 돌아왔다

아이야, 여기가 고향이란다
네가 다시 올 고향이란다

물살 아린 자갈밭에 알들을 내려놓고
온몸으로 쓰는 필생의 서書

뉘엿뉘엿해진 몸도 밥이 된다면
누구든 드시라 반듯하게 펴놓고
숨 밖으로 들어가 생을 잠그는

그 주검 화엄이다, 네가 바로 와불이다

고사목

잎 돋던 나무 적막이 성성하다

불벼락에 쓰러져 누운 자리 삼 년

초록은 끝내 기척이 없고

꽃 달고 오시는 봄 맑은 눈 다칠까

서둘러 뼈 공양 들어간 나무 한 그루

모노드라마

아래층으로 소리를 키우는 아이가 있어요

문밖은 폭염이고
다섯 살의 무료를 생각하면
제 이해가 뾰족하기는 해요

하품 탓이에요
귀로 들어가려던 아이의 발소리가
낮잠에서 막 깬 제 입속으로 들어간 거죠

너무 단단해 씹다가 뱉다가
소화가 안 된다고
조금만 더 부드럽게 해달라고 부탁할까 하다가
차곡차곡 쟁여놓은 레토르트 식품 같은
미안해요, 감사해요 젊은 엄마의 말이
내 표정보다 빠르다는 게 생각난 거죠

아니에요
아이 발소리가 너무 싱싱해
늘어졌던 나도 비늘이 돋아요
이해해요, 이해하고 말고요

사는 건 늘 넘치고 모자라는 거지요
가슴은 이미 바닥이 났지만
머리를 달래 볼게요

우아하게 막 내림을 하려고 주섬주섬 말을 챙기는데
뭐 하니? 뭐 하니?
오후 두 시 햇살이 유리문 밖에서 깔깔거려요

꼬불꼬불 펴지지 않는 뜨거운 날이네요
알면서도 속은 듯한 불닭라면처럼요

가면무도회

높인 콧대 아래로
낯선 사람들이 모이네요
주저앉을까 봐 흘러내릴까 봐
당신 혀는 바쁘고요

세운 콧대는 거푸집 같은 것
남의 것은 언젠가 떠나고 말아요

믿기지 않겠지만
가면의 적敵은 가면이에요
당신 뒤에서 또 다른 당신들이 뿌리는
말들이 검네요

낮으면 어때요 낮아서 깊은 당신

너무 멀리 가면 돌아오기 힘들어요
이쯤에서 내려놓고 편히 살아요
우리

물방울, 물방울들*

올라가는 중일까 내려가는 중일까

떠나지도 못하고 스미지도 못하고
수직 절벽에 매달린 저 안간힘

절간 처마 물고기도 바다를 꿈꾸며
날마다 헤엄치는 연습을 한다는데

열지 못한 속마음
굳어 돌 될까

물고기 방생하듯 그림을 내려
가만가만 물가에 놓아주고 싶었다

* 김창열의 물방울 그림.

오죽했으면

달리는 차를
도로 한가운데 세워놓고
느릿느릿 건너시는 견공 한 분

가슴을 쓸어내리기도 전
절레절레 꼬리를 흔들며
배경을 빠져나간다

빨리 빨리를 외치는 불감의 세상
목숨 걸고 개가 오죽했으면

아니다, 아니다
나는 빼고 너만 탓하는
개가 봐도 세상이 오죽했으면

그 바람을 다 품으시다

나박김치를 담으려 무를 손질한다
불법체류자들처럼 숨어 있는
꼬깃꼬깃한 바람

들었다 놓았다 살피고 고른 무라
난감이 붉었으나
푹푹 도려내고 나박 썰기를 한다

썰다 보니 겉과 속이 달라도
너무 다른 것 같아 구시렁거리는데

너는 속과 겉이 같으냐?
내가 내 속에 바람을 들였는데
네가 왜 속을 끓이느냐

연좌 양푼 속에 소금 두르고 앉아
자른 몸 또 비우며

無는 쏲이라, 비어도 무다
염화미소를 지으시는 무우無憂 보살님

무던해진 쓸쓸함으로

낡은 연줄 하나가 끊어졌다
잇거나 잊거나 둘 중 하나다

잊는 것이 잇는 것보다 쉽다는 건
매듭이 없다는 것

매듭이 없어 매끄러운 사이는
오다가 마주쳐도 기쁠 일이 없다는
가다가 돌아봐도 미워할 게 없다는

소소막막에 갇혀
아픈 줄도 모르게 아픈 우리는

소리 부처

법당 처마 끝 풍경이 운다

왜 매일 울기만 하는지 이유를 모르겠으니
물고기에 혀를 달아주시든지
접힌 제 귀를 펴주시든지
알게 하소서 아뢰고 돌아서는데
접힌 귀를 펴주시며 한 말씀 하신다

집착이 깊으면
다른 생각 들어갈 자리가 없느니라
마음자리부터 살피거라

불자도 아닌 내가 당돌해 보였는지
흘리지 말고 조심히 가거라
뎅그렁뎅그렁 어린 것의 귓바퀴를
산문 밖까지 손수 밀어주고 가신다

타인인 듯 바라보기

자본의 코드는 선명해
이면은 늘 춥고 어둡다

기억하지 않으면
아픔이 아픔으로 남을 것 같지 않아
무뎌진 이성의 날을 벼린다

심해에 닿기는 애당초 멀고
강에라도 닿으려면
봐도 못 본 척 살아야겠지만
'보이는 것은 허울이다'
거울의 말에 밑줄을 긋고 만다

이전과 이후 사이 틈이 생기고
내 눈에 들보 하나 더 들어섰는지
힘없는 사람 등에 꽂던
비릿한 그의 표정이 자꾸 얼비친다

아무래도 내 병이 깊은 것 같다

그믐달

제 몸 때리며 허공에 글을 써도
바람이 지나가는 소린 줄만 알았다

한 말씀 주시면 두 말씀 흘리면서
헐었다 쌓았다 안절부절못하던 날
내게도 맑은소리 보이는 거라

뉘엿뉘엿 시든 몸 돌아눕히던 새벽
안절부절도 공양이 됐는지
캄캄한 잠귀를 두드리는 소리

드디어 내게도 보는 귀를 주신 거라
가는 길이 걱정되어 지켜보다가
그믐 고리에 풍경風磬 하나 걸어주신 거라

싱싱한 거래

뙤약볕 내리쬐는 장마당 모퉁이에
열무를 쌓아놓고 파는 할머니
한 단에 삼천 원 받아야 하는데
첫 손님이라 두 단에 삼천 원만 달라 하시네
손가락마다 염주를 두르고 열무 시들까
계속 물을 뿌리시는 할머니
첫 손님이 값을 깎는 것도 아닌 듯하여
두 단을 받고 육천 원을 건넸네
돈을 세어 지갑 속에 빠르게 넣더니
내가 미처 돌아서기도 전
두 단에 삼천 원, 호객을 하시네
나는 받아야 한다는 대로 값을 주었고
할머니는 내가 주는 대로 받았을 뿐인데
찜찜한 거래가 되고 말았네
염주만 아니었으면 하다가
시들 열무와 할머니 얼굴을 생각하다가
잘했네 잘했네 나를 토닥였네
며칠 후 다시 그 자리
열무 파는 할머니를 멀리서 보았지만

일부러 그곳을 비켜서 갔네
삼천 원이 걸려 할머니 가슴 괜히 뛰게 할까 봐

말을 삭히다

궛바퀴에 끼인 말이 있어

잘못 만지면 아플 것 같은
낯선 말이 있어
오이지 담듯 안으로 들여
누름돌을 얹는다

제 물에 삭혀 부드럽게 휘어진 말
날것의 비릿함보다
꼬들꼬들 간이 되어 쓰임새 좋은 말

옳되 겉돌지 않고 다르되 틀리지 않는
숙성된 말을 꺼내 놓고
말의 값을 하거라 신발 끈을 묶어 주는

잘 익은 가을, 말 항아리 곁에서

자전 밖으로 쏟아지는 세상

세상 속으로 길 내던 빗줄기
세상 밖으로 길을 내다

습자지 같던 는개에 허 찔린 날
우레 앞세운 물의 바코드는
지상 향해 날카로운 경종을 긋는데

품 넓은 지구별
인간의 공생 묵묵히 허락하더니
왜 물길 아는 사람들을 인질로
독 묻은 화살촉을 날려대는지

넘침과 모자람의 틈바구니에서
뱃심 좋은 태양도 몸을 숨긴 나날들

그립다
환하게 개인 처음 날빛이

2부

정말 보고 싶었노라고
부치지 못한 내 푸르던 날

노을을 적시는 이름

산 이름 날로 묻어 그 흔적 내내 붉다
앓을 만큼 앓아야 낫는 생인손처럼
살다 보면 어떻게든 새살이 돋겠지만
새살 돋아 없는 듯 아물겠지만
보고 싶었노라고,
정말 보고 싶었노라고
부치지 못한 내 푸르던 날의 마지막 편지 한 장

나는 이제 황사黃砂가 아니다

- 눈 들면 까마득히 펼쳐졌던 모래사막
비상을 꿈꾸었던 그곳은
구속이 아니라 자유의 땅이었다

몇 번의 국경을 넘고
더 이상 가벼워질 수 없는 무게가 버거울 무렵
바람은 어느 폐가에 나를 누이고 사라졌다

피곤에 지쳐 잠이 든 밤
낙타들의 발굽 소리와 아름다운 모래언덕이
흐린 영상처럼 간간이 보였다 끊긴다

웃자란 허기가 잠시 펄럭였지만
비상은 고립
난민처럼 떠돌기 싫어
감은 눈을 뜨지 않았다 그리고
뼈는 삭고 보풀만 남은 이름을
다독이며 가만히 말했다

괜찮아, 괜찮아
너는 이제 황사가 아니야
색을 버린 한 잎의 부드러운 공기야
〈

이운 봄 끝에서 수척해진 바람이
내 손을 끌고 낯선 유월의 문을 민다

개와 참에 대하여

장미과 종족 이름은 개복숭아
참에 밀려 생사를 헤맸지만
참이슬만 도는 게 아니라 시절도 돈다
굽은 나무 선산 지키듯 볼품이 없어
지켜 내고 살아낸 이름이 아니더냐
열매가 작다느니 맛이 쓰다느니
혀를 믿지 말고 뿌리를 믿어라
유전자 조작 없는 우직한 기개
보이는 것보다 보이지 않는 곳에서
참이 되고 싶었던 쓸쓸한 접두사
작지만 단단하고 쓰지만 약이 되는
민족 같은 나무여
원조는 원조답게 어깨를 펴라
가계를 열면 너나없이 개복숭아다

너와집 한 채

거울 앞에 서면 집이 보인다

까치밥 환한 늦가을 아래
눅눅함을 말리는 너와집 한 채

뼛속을 비우고 중력을 늘인 건
가볍게 오시는 신의 배려다

내가 메고 가야 할 짐
내가 살다 가야 할 집

비우고 접어 나 한 뼘 좁히면
풀꽃 몇 포기 더 넉넉해질 터

잘 말린 너와집이면
불꽃도 화르르화르르 쉽게 피겠다

고요의 서쪽

한밤중
내 잠을 깨우는 이 누구인가
보리밭 밟듯 밟는 이 누구인가

더 자랄 것 없는 여기는 초겨울 숲
낙엽들이 피정 든 고요의 집이다

나를 깨우는 이여
나보다 더 쓸쓸한 이여

오기는 쉬워도 나가기는 어려우니
적적은 내게 주고 되돌아가시라

머물면 발자국도 내력이 된다

입동 무렵

내 안에 딱따구리가 사나 보다
뚝딱뚝딱 도면도 없이 지은 무허가 집들

먼 길 오는 동안 누구에게
땅 한 평 내준 적 없으니
뼈 헐어 바람을 들였어도
까닭 묻지 않았다만

낡은 몸 뗏목 삼아 서쪽으로 가는 길
생사가 없다 하나 생사 없는 곳 없다 시니
만개한 바람꽃에 가는 생 가볍다 하면
나 너머 나는 또 얼마나 쓸쓸할까

생의 가장자리는 아직도 살얼음인데
시린 방향등 아래 몸 혼자 세워두고
잊은 건 없나 자꾸 돌아보는 겨울 입구에서

* 자승스님 유서 중에서.

미끄럼틀 앞에서

오르막은 계단이고 내리막은 급경사다
바닥에서 멀어지기 위해 떠나지만
바닥으로 다시 돌아올 수밖에 없는 여정
추월과 추락이 위험한 건
길 밖의 길이어서다
내 뜻과 상관없이 세상에 왔듯
갈 때도 그렇게 가겠지만
가볍게 내려오는 아이들처럼
바라건대 마지막은
안간힘 없이 닿았으면 좋겠다

우리를 이루는 기도

그대
벌레 먹은 갈잎 되어
바람 깊은 겨울을 건너본 적 있나요
빈 가지 끝
웅크린 채 매달린 한 장의 갈잎처럼
세상 끈 꼭 잡고 울어 본 적 있나요

어둠을 비추는 은은한 달빛처럼
겨울나무 아래 서서 그저 고요히
마음 한쪽 내주던 눈 붉은 사람

눈길 하나만으로도 살아갈 힘을 주는
그 사람이 그대였으면 참 좋겠습니다

우리는 울타리의 또 다른 이름
감싸주며 함께 사는 눈 맑은 사람
그 사랑을 지켜주는 따뜻한 울타리가
바로 우리였으면 참 좋겠습니다

아픈 손가락, 서른

창가에 기대서서 겨울비를 듣는다
배경처럼 서른이 어른거리고
꿈까지 따라와 허둥대던 잰걸음들

돌아보면 발자국 아직 아픔이지만
멀리서 보면 상처도 꽃

그 꽃 없었다면
푸르디푸른 나를 무엇으로 건넜을까

가파르게 치닫던 서른의 변방
풍요와 맞바꾼 잿빛 자유 속에서
나를 키운 건 겨울바람이었다

습관처럼 세월의 한 귀가
빈 바람에도 펄럭인다는 거기
지척을 비켜 멀리 돌아왔으나
기억 한 편에 피다 만 생인손 같은 너

길목까지 갔다가 되돌아온 날들을
용서 마시라

〈
두고 와 미안하다
미안하다 서른이여

산막에 핀 바람꽃

가파른 서쪽 난간에 몸을 기대고
가야 할 산마루를 올려다본다

수척한 나무 사이로 보이는 산의 이마

떨어진 나뭇잎들은 더 낮은 곳을 향하고
빈 몸의 나무는 무심처럼 꼿꼿한데
어떻게 해야 가을과 하나 될 수 있을까

사위는 점점 어두워지고
고요를 찢는 바람의 아수라

두려움에 몸 저린 산막의 밤은 깊고
허겁지겁 오르느라 묶어 두었던
눈물끈이 끊어지면서
돌보지 못했던 슬픔이 한꺼번에 쏟아진다

울컥,
사람이 그립고
재 속에서 살아나는 세속의 잉걸 불씨
〈

소멸로 접어드는 겨울은 지척인데
피우는 일에만 마음을 쏟은 나는
바람의 심장을 가진 헛꽃이었다

가품

깜빡거리는 기억의 회로 앞에서
늘어진 가죽을 습관처럼 쓸어올린다

이력을 조회해도 걸릴 게 없고
세상에 하나뿐이니 가품은 아닐 터
왜 자꾸 가방끈은 그늘 쪽으로만 자랄까

젊은 아버지 오늘도 머리를 쓰다듬으며
너는 명품이야
명품은 낡을수록 빛이 나야지
닦을수록 깊어지는 어둠을 보고도
또 말씀하시네

어느새 다 자란 나는 가방을 열고
은박지로 접은 별들을 쏟아낸다
나는 이제 충분히 낡았고
종이별은 구겨져 더 이상 빛이 나지 않아요

가품이 되었어
늙은 아버지 혀를 차며 하늘로 가시고
나는 밀어냈던 이불을 당겨 머리끝까지 덮는다

〈
번제보다 더 뜨거운 기도가
생각을 뛰쳐나왔으나
소리가 되지는 않았다

꿈결에서도 오스스 냉기가 돌았다

다시, 에움길에서

한 해를 물 내림한 겨울 숲에 서서
함부로 들꽃 꺾었던 일
내 눈에 들보 두고 남의 티만 보았던 일
혀에 피웠던 검은 말들을 모두 고했다

그러나 나를 위해
버렸던 사랑은 고하지 못했다

겨울이 오면 시들고 말 웃자란 풀꽃

없는 것처럼 살면
스러질 줄 알았던 풀뿌리가
먼 시간의 강을 건너와
한 그루 나무로 서 있었다

떨어질 건 다 떨어져 변방이 된 겨울 숲
기록할 이 아무도 없는 그곳에
첫눈처럼 서 있었다

집으로 오는 내내 뒤가 걸렸지만
돌아보지 않았다

〈
그를 위해 내가 버려질까 봐

무정처가 정처다

도처의 외로움은 정 주어 아픈 것들
잘 외로울 수 있다면 섬이어도 좋겠다

세상에 길들여진 굴레를 벗어나
고적 한 잎 걸치고
닫힌 풍경 속에서 열흘만 살고 싶다

하지만 있는 듯 없는 듯 스민다 해도
남겨질 섬은 또 어쩌나
가도 와도 둘 곳 없는 마음의 정처

잘 익어도 외로움은 외로움이다

섬을 배회하는 나를 불러
세상 속에 앉히고
빛바랜 다짐 덧입혀보는 쓸쓸한 서사

꽃무릇 타고 오르는 계절

무릇,
꽃이라 부르는 이름이 있어
못 만날 줄 알면서도 하냥 그 자리
기다리다 말라가는 붉은 생 있어

떠난 줄 알면서도 발자국 따라 와
시퍼렇게 젖다 가는 눈먼 잎 있어

무릇,
상사相思라 하는 병인이 있어

액자가 있던 자리

액자를 내린 자리 유난히 희다

맑고 여린 것들이 치러야 할
서늘한 눈총 같은

온실을 막 빠져나온 화초처럼
왠지 시름시름 앓을 것 같은
시름시름 앓다가 두 손을 들고
그래그래 물들자
낡음을 가불해 온몸에 바르고
스스로 누렇게 바래고 말 것 같은

시골로 이사 와 외톨이가 된
예쁘고 하얀 서울 계집애 같은

침묵의 서사

늘어진 말이 되감길 즈음
누가 먼저랄 것도 없이 밥때가 되었네
서둘러 수다를 벗고 전화를 끊는다

오늘 저녁은 매운탕
느슨해진 신경을 촘촘하게 당겨놓고
토막 낸 대구를 냄비 속에 눕힌다

강한 침묵은 경멸이라 누군가 그랬지만
꼬리 잘린 생각들이 계속 달리자
부글부글 끓어오르는 속을 내보이며
잡념은 수다의 또 다른 이름이야
뚜껑을 들썩이는 대구의 붉은 혀

침묵을 끄고 냄비 밖으로 흩어진 매운 말을 닦는다

너는 침묵 속에서 나는 침묵 밖에서
부글부글 제풀에 지칠 것들을 무기처럼 들고서

이름 없는 시인의 시집 속에는

나무를 잘라다가 집 한 채 지었네
꽃 꺾어다가 마당을 꾸미고
구름을 띄워 들판을 만들었네

어느 날 책장에 꽂힌 시집 속에서 들리는
검푸른 울음소리

새들의 상한 날갯죽지가
흘러가던 강물의 부러진 등줄기가
야윈 날개를 파닥이며 울고 있었네
자유롭던 언어의 맑은 영혼이
이름 없는 시인의 시집에 갇혀 울고 있었네

근육을 잃은 자모의 뼈대들이
울음의 힘으로 견디고 있는 내 가여운 시의 집

이름 없는 시인의 시집 속에는
나이테를 잃어버린 나무들이
풀 죽은 시어들이
살아보려고, 살아내려고
날마다 잠긴 문고리를 흔들고 있다네

장마

지금은 상중
하늘이 쏟아내는 눈물을 본다

너무 울면 망자가 떠나지 못한다는데
살다가 생각나면 가랑비처럼 울고
그래도 못 잊겠으면 작달비로 울고
어머니 그리듯 품어 울면 안 될까

비와 가뭄 사이
가기를 기다리는 사람과
오기를 기다리는 사람

모았던 두 손이 펴지기도 전
어디선가 또 노제를 지내는지

검게 피워 올린 소리 꽃 뒤로
가다 서다, 서다 가는 구름 장례식

3부

여전히 꽃들은 오시고
어떤 꽃으로 오셨을까 헤아리는

다시 쓰는 민들레

좁은 어깨에 목말을 탄 채
떠날 채비를 하는 민들레 씨앗들

얘들아, 어디에 닿던 걱정은 하지 마라
우리에게는 척박한 땅에도 살 수 있는
생명력을 주셨단다

사람의 발소리가 총성 같던 삶
보도블록에 몸을 푼 어미는
멀리 날아 풀밭으로 가야 한다
마지막 말에 힘을 주고 말았다

꽃씨를 문 바람이 떠나고
확인처럼 몇 날 더 바람이 불었던가
연극처럼 한 생의 불이 꺼지고
서늘한 막 뒤로 햇살이 내려와
낮게 엎드린 등에 꽂힌 밥줄을 거두며
질긴 이름을 가만히 감싼다

몸 상할라
내 어머니 내게 그랬던 것처럼

그리운 국수

끓는 마음 주체 못 해 흘러넘치면
찬물 한 사발로 냄비 속을 평정하던 엄마

직선에서 곡선으로 국숫발을 휘어놓고
덜 익은 놈 있을까 아래위 휘저으며
먼저 넣어도 늦게 넣어도
한 상에 오른다던 국수론과 자식론

엄마도 떠나고
여기저기 흩어져 제 뿌리 거두는 식솔들
파란 줄무늬 사발 속에 탱탱하던 국숫발처럼
삶은 늘 쫄깃한지 풀어지지는 않는지

성긴 똬리 한 채 우듬지에 앉혀놓고
눈과 귀 세워두는 입동 무렵이다

적막 베고 쪽잠 자는 겨울 입구다

연두가 기울어 초록으로 구르는 동안

페달을 밟으면 밟은 만큼 자랐다
자랑처럼 씩씩하게 위만 보고 자랐다

깃발이 되어 바람을 탈 무렵
나무는 쓰러지고
베어진 등걸에 남은 처연한 자국들

팔랑거리던 연두와 초록은
어디로 가고
기울고 가파른 갈색 길만 남았을까

살아서는 볼 수 없는 나무 나이테
그것은 가장이란 이름의 등고선이었다

아슬아슬을 지고 자식 위해 달렸던
아버지 필생의 바큇자국이었다

오독

캥거루족이구먼,
가지 끝에 매달린 갈잎을 보며
지나가던 겨울바람 한말씀 한다

언 땅에 발을 묻은 늙은 어머니
아껴 잠근 물관을 열고
그 맘 알지 내 알고말고
제 가슴 푹 도려낸 그믐달이
마음을 덧댄다

잠들지 못하는 바람 소리가
여진처럼 맴도는 밤

불면에 기대앉아 새벽을 읽던 나는
하마터면
아름다운 풍경이라고 말할 뻔했다

황색 점멸등

반쯤 열어놓은 문이 저절로 닫히고
반쯤 닫아놓은 문이 저절로 열린다

반쯤 열고 반쯤 닫고
내가 한 일은 거기까진데
일없이 문을 흔드는 바람이 있다

문이 벽이 되려 할 때
벽이 문이 되려 할 때
어디선가 달려와
부실한 내 감정의 고리를 살펴주는 당신은

나를 흔드는 바람이
내 그림자라는 걸 알면서도
내 안에 들어와 짐을 푼 당신은

직진과 멈춤 사이 기껍게 들어와
잠깐만을 외치며 깜빡등이 되어주는
고마운 시절 인연 황색 점멸등

모래와 모레

내일은 일이 없으니 모레 일찍 나와요
인력 소장의 목소리가 문에 끼인 줄도 모르고
피곤한 몸을 끌며 문을 닫는 젊은이
내일도 아닌 모레
모래알 같은 날들 가운데
모레라는 말은 희망일까 고문일까
누구에게나 여기만 지나면 될 것 같은
고비가 있지
기다리는 것밖에는 아무것도 할 수 없는
모래알이지만
모래밭은 모래알이 일군 아름다운 영토
세상 한 모퉁이에 젖어 있는
모래 한 알을 말리려고
쉬지 않고 달려오는 모레가 있다면
네 곤한 뿌리를 위해 안간힘으로 달려오는 모레는
새롭게 열릴 네 영토를 위한 한 톨의 모래알
내일은 슬픔이 아니라
모레를 위해 잠시 맡긴 생의 전당물이다
하여 젊은이여
모래와 모레 사이에 낀 내일을
부디 웃음으로 찾아올 수 있기를

제 자리에 곱게 돌려놓을 수 있기를
너무 늦지 않기를

세상에서 가장 따뜻한 잠

우듬지를 지키던 마지막 잎
하직 인사를 한다
세상에 필요한 거름이 되거라
줄 게 없는 어미는 야윈 몸을 흔들어
자식의 등을 힘껏 민다
어미 살을 축내지 않기 위해
품을 떠난 자식은
가던 길 되돌아와 가만가만
잠든 어미의 언 발등을
제 몸으로 덮는다

나뭇잎 하나가 지구만 하다

엄마의 약방문

나 어릴 때 마법이라 믿었던 가루가 있네
부엌 시렁에 얹어놓고 젊은 어머니
속이 더부룩하다며 드시던 식소다

질긴 나물 삶을 때 한 숟갈만 넣으면
부글부글 끓다가 말랑해진다는

가루 한 꼬집에 말랑해진다는 건
선을 넘어도 예쁜 공갈빵 같지만
과하면 물컹 풀어져 버리는 잠언 같은 약방문

사람과 사람 사이엔 얼마가 적량일까

그리운 당신은 먼 곳에 있고
넘침과 모자람을 양팔 저울에 두고
덜었다 넣었다 셈이 서툰 나는
외출하기 전 한 꼬집의 식소다를
멀미약 먹듯 미리 마음에 털어 넣는다

이름에 불을 켜 내거는 밤

계좌번호 몇 개를 펼쳐놓고
일 년 치 회비를 일찌감치 보낸다
사글세 미리 내는 것처럼
이름값을 치르고 나니 세상 편하긴 하다만
유명인들은 시 주고 돈 받고
무명인 나는 시 주고 돈 주고
불공평이 공평인 시대에
굶지도 못하고 늘일 것도 없으니
아무리 생각해도 이번 생은 궁리 밖이지만
아버지가 지어주신 이름에
무명자를 붙이고 보니
밝기는 했나 착하기는 했나
깊은 허물에
아버지보다 내가 먼저 아팠다

청호동 갯배

기다림도 올이 풀린 망향 칠십 년

금방 가리라던 고향 땅은
바람길이 되었지만
물도 열면 사람의 길이라
이산의 뿌리 위에 섬 하나 세워 놓고

그리우면 오시라, 쉬이 다녀가시라
감았던 줄 되감으며 북촌을 오가는 배

그 배를 실향1번지 갯배라고 부른다
청호에 태를 묻은 갯배라고 부른다

그 바다의 끝

조용하던 바다가 숨을 몰아쉰다

마지막 생을 물어 나르느라
요동치는 경동맥

얼마나 힘들까
멈춰달라고 기도하던
하루
또 하루

격랑 일던 바다는 맥을 버리고
고요히 잦아들던 생의 포말들

지금도 나는
어머니가 남기고 간 마지막 숨을 생각하며
내가 했던 기도의 말을 견디고 있다

나비 가시다

부모님 파묘하여 수목 합장하는 날
어디서 왔는지 나비 두 마리
자식들 머리 위 춤추듯 도시네

떨어져 있던 열두 해
이제 우리 만났다는 기쁨의 인사처럼
나풀나풀 돌다가 홀연히 가시네
꿈인가 다시 봐도 꿈같을 뿐이네

가신 후 여러 해째 소식 없는 봄
소풍 왔던 이승보다 천상의 집이
더 편안하시구나 믿고 말까

그렁그렁 마음 길 습관처럼 나서다가
우두커니 서서 쳐다본 밤하늘

어디 또 편찮으신가
하늘 한쪽에 쌓여 있는 주인 잃은 별 무더기
지상을 향해 놓다가 만 징검 별 다리

잔잔하게 흐르는 풍경

장천교 아래 물오리 네 마리
앞서가는 어미 따라 잘 내려가더니
갑자기 세 마리가 방향을 바꾼다

어미 오리 돌아보며 소리를 치지만
못 들은 척 올라가는 새끼들 뒤로
서둘러 따라가는 어미 오리

저 조그만 새끼들에게
자식 이기는 부모 없다는 세상의 말을
누가 가르쳤을까 하다가

보세요, 엄마
이제 우리도 잘할 수 있어요
우쭐대느라 그러는 거 아닐까 하다가

고 작은 것들 하는 짓이
어릴 적 나를 보는 듯해서
웃음으로 퉁치는 푸른 산책길

부화를 위하여

강가에서 주운 물결무늬 조약돌
영락없는 새알이다

의미를 붙이고 나니 차마 버릴 수 없어
주머니에 넣는다

걸을 때마다 꿈틀거리는 알
깨질까 몇 발자국 걸어가다
다시 제 자리에 놓는다

물 떼에게 모서리를 내준 조그만 새알

나 없이도 살아온
나 없어도 살아갈

천 년을 꿈꾸는 돌이 낳은 시조새

꽃의 다정으로 오시는가

꽃이 내 벗이다
빈 세월 눈 속에 우물을 파던 당신

올해도 여전히 꽃들은 오시고
어떤 꽃으로 오셨을까 헤아리는 봄 나절

마음 급해 복수초로 다녀가셨으려나
한여름 능소화로 넌출 넌출 오시려나

와도 모르고 가도 모르는 무정한 거리

날 풀려 마음 닿는 꽃길에 서면
길 녹아 꽃 오시는 봄길에 서면

달도 옛 달이 아니다

병실에 누워 달을 보다가
나도 몰래 벌떡 일어난 적이 있다

온몸이 욱신거렸지만
고단하고 싶어서
살아 당당히 고단하고 싶어서
강제로 몸을 세웠던 그런 날이 있었다

서서 보름달을 보면 할 일이 많다고
애써 자리에 앉히시던 할머니도 떠나고
어머니 간 길 따라 나도 걷는 저물녘

창틀에 기대서서 보름달을 쳐다봐도
사람을 가려 쓰는지
앉아서 보나 서서 보나 관심이 없는 달

꿈을 주던 저 달도 옛 달이 아니다

겨울 일기

크리스마스 이브
첫눈을 가득 싣고 산타가 왔다

마당 앞 붉은 열매를 매달고 선
일곱 살 피라칸사스가
대형 선물에 놀라 몸을 떨었고
기다렸다는 듯 날아온 직박구리들

배가 고팠구나, 날아갈까 봐
내가 먼저 목소리를 낮추고 말았는데
알뜰하게 먹지도 않고 버려지는 붉은 열매들

부리가 닿을 때마다 언 살이 아픈지
나무는 몸을 떨고
나를 읽은 그가 먼저 눈길을 피하는
눅눅한 생의 이면

펑펑 눈은 내리고
기뻐해 줄 아이들이 없는 이곳은
적막에 길들여진 고요의 숲
〈

힘내라 나무에 응원을 보내고
산타가 보내온 선물을 담 쪽에 쌓기 위해
눈가래를 들고 다시 대문을 나선다

그런 줄도 모르고

창고 속 박스에다 몸을 푼 양파
탯줄을 매단 채 겨울을 건넜다
문 쪽으로 귀를 세웠을 매운 시간
어둠 속에서 살아내려 얼마나 애를 썼을까

푸른 피 도는 탯줄을 끊어주자
물컹함이 손바닥에 번진다

엄마 돌아가신 뒤
장롱에서 나온 싱싱한 여우 목도리처럼
아끼고 아낀 비릿한 것들

그 물 길어 기쁨만 입히리라 했겠지
우렁우렁 튼실하게 키우리라 했겠지
비명도 내지 못한 채 물컹!

젖은 것들에게 발목을 잡히는 줄 모르고

가을이 지천일 때

처서 지난 새벽
귀뚜라미 울음에 잠이 깼다

내리 수년째
받아 줄 곳이 여기뿐일까 하다가
십자가 꼭대기는 오르기가 가파르고
절 마당은 고요가 짐이 되겠구나

닿을 수 없는 막막한 배후처럼
너무 넓어 머물 곳 없거든
밤에 기대 울든지 내게 기대 울든지
마음 놓고 울어라
일어나 가만히 창을 닫는다

4부

맨발의 나를 받아 걷던

깃대였으므로

나무의 기도문

북풍을 몰아낸 저 여린 것을
무어라고 부를까

못보다 강하고
삽날보다 뾰족한 연두의 힘

지난해 낙화는 슬픔이 아니었구나

힘을 잃은 국민에게
더불어가 없는 민주에게

가을 뒤에는 왜 겨울이 오는지
겨울 뒤에 오는 계절은 왜 가슴이 뛰는지

겨우내 적은 말씀 돌돌돌 말아서
세상에 올리는 나무의 기도문

눈사람에게 듣다

흐르기만 하면 무슨 재미랴
얼어도 보고 녹아도 보면서
세상 사는 이치를 알라는 거지

사람도 되어보고
손발 없이도 살아보면서
혼자라는 게 얼마나 외로운 건지
얼마나 힘든 건지 느껴보라는 거지

눈꽃도 꽃이다 피워 보면서
사철 피는 꽃 없다 떨어져도 보면서
돌아가든 넘어가든
종국엔 바다에서 만난다는 걸 깨달으라는 거지

뽐내지도 말고 주눅도 들지 말고
짧은 생이다
다독이며 더불어 살라는 거지

너무 아프지는 않게

되감는 여름이라고 썼다가
되감기는 여름이라고 씁니다
감정의 톱니에 균열이 생기고
배경에는 지루한 장마가 있었다고 씁니다

살 오른 바람이 당도한 문 앞에서
어서 가라, 끝물에 든 등을 내가 밀다니요
사는 게 간단치 않은 것처럼
해마다 오는 계절을 장마가 싫어
건너뛰었다는 소리는 듣지 못했습니다만
비로 인해 누군가 행복했다면
안간힘의 승리라고 고쳐 씁니다

등을 민 찬 마음에 후회를 보태며
잘 아물기를 바란다고 다시 눌러씁니다

벼랑 끝에 있는 더위를 비켜
또 다른 계절의 발소리를 읽는 새벽
안녕하라고
가고 오는 모든 것들에게 부디 안녕하라고
창가에 손을 얹고 가만가만 이릅니다

변방을 위하여

몇 시에 만날까 세 시쯤
어디서 볼까 소야교 근처
그녀는 불완전한 말로 약속을 짓는다

바람꽃 핀 강둑엔 일요일이 만발하고
변방에 익숙한 나는 쯤과 근처에 기대앉아
그녀의 일주일을 듣는다

그러게, 무례한 상사의 거친 혀는
가을이 다 가도록 왜 익을 줄 모를까
좀체 발효되지 않는 희망에 난감을 보태며
내년쯤엔 너무 익어 절로 떨어질 거야
실없는 농담에 잠시 웃었다

만발했던 일요일도 서서히 지고
부실한 중심의 변방에서
그녀가 절망하지 않기를 바라며 강둑을 걷는다
다릿발 아래 바윗돌을 뛰어넘다 부서진 포말
가파른 안간힘이 마음에 쓰였지만
우리는 말없이 걷기만 했다
〈

기다리는 중심은 오지 않더라도
제 상처 제가 기우며 가는 강물처럼
그녀의 꿈은 이미 바다에 닿았으므로

핑크레이디

지구를 태울 듯 뜨겁던 여름
남루를 걸친 채 꽃집 앞에 버려진 나는
호접이라는 이름을 잊지 않으려
사력을 다해 버텼어요

나를 데려간 여자의 집 거실엔
아픈 생들이 삐뚤삐뚤 꽃길을 내고 있었고요

쇳소리가 찰칵 나를 베던 날
그게 출구이자 입구라는 걸 그때는 몰랐어요

여자는 날마다 나를 살피면서 다정하게 귓속말을 합니다
핑크레이디 힘을 내요

두 번째 겨울이 오고
빵빵하게 꽃물이 차오르는 몸
드디어 나도 내 이름을 완성하고 있어요

이제 마지막 다리만 건너면 돼요
보은의 꿈이 핑크로 열릴 우화羽化의 다리를요

풍선이 글쎄

조그만 아이가 풍선을 불어요
흥부네 박만큼 커졌는데도
더 크게 더 크게 욕심을 부리다가
터졌다는데요
너무 놀라 어린 가슴에 묻었다는데요
그냥 겁이 나서 묻어버렸다는데요
새가 되지 못한 고것이
찢긴 상처를 스스로 깁더니
말씀의 알뿌리가 되었다네요
툭하면 기억의 문을 열고 나와
넘쳐요! 넘쳐요!
어른이 되어서도 덜 자란 나를 가르치곤 하는데요
말랑말랑한 풍선 하나가 우리로 남아
넘치면 빼라, 과하면 덜어라
꽉 차서 허한 시절을 함께하고 있는데요
아휴
길어요, 길어요 지금도 곁에서 쓴소리를 하면서요

단단한 그리움

마음 벽에 박힌 오래된 못 하나
흔들려 뺐으나 버리지는 못했다
그는
내 공복의 처소에 비탈로 서서
맨발의 나를 받아 걸던 깃대였으므로

줄탁동시

꽁꽁 언 흙을 햇살은 내리 쪼고
연두 부리 새싹은 올려 쫍니다
줄탁 줄탁 겨울이 벗겨지면서
말렸던 혀에 피가 도는 봄

해님 덕분이에요
아니에요 고생했어요
따뜻하게 건네는 줄탁동시

기특하게 바라보던 봄
부드러운 혀로
갓 태어난 새싹의 허물을 핥아줍니다

바라보기만 해도 벅찬 나는
부풀어 오르는 혀를 가만히 누른 채
줄줄줄 탁탁탁
기쁨을 더하며 그저 웃습니다

꽃샘추위

마음이 붐빕니다

번지를 잘 못 찾은 날씨 탓에
걱정이 제법 두툼해졌습니다
아랫녘 꽃소식을 귀동냥이라도 했는지
쏙쏙 흙을 뚫는 마당의 연두들

펄펄 부는 난감에 속을 태우다가
막 집 안으로 들어왔습니다만
가느다란 허리 세우고
안절부절못하는 수선화를
유리문이 자꾸 전송합니다

저 바람을 어떻게 말릴까
궁리가 깊어집니다

청호동 연가

불모지에 내린 닻이 하나둘 진다

그 위에 한을 달인 망향의 달이 뜨고
달빛으로 눌러쓴 다시 청호동

점점 말라가는 이산의 태꽃들을
벽화로 옮겨 심고
날마다 물을 주는 간절한 기원이여

그 마음 뿌리 되어 청호동을 끈다
그 뿌리 밥이 되어 청호동을 민다

그해 남대천으로 흐르는 꽃

연어가 돌아왔다
어미 없이 떠난 새끼들이
수만 리 되짚어 어미가 되어 돌아왔다

꽃 진 뒤 보이는 꽃의 길처럼
오기 위해 가야 했던 고단한 서사를
물살 아린 자갈밭에 살뜰히 쏟아놓고
숨 밖으로 돌아눕는 남대천 연어

모두가 잠든 새벽 요양원
눈 뜬 채 가신 어머니가 남긴 몸의 유언처럼
하고 싶은 말 얼마나 많았길래, 절박했길래
커다랗게 벌린 입 닫지도 못하고 갔을까

어미를 품다가 새끼를 품다가
타는 설악보다 더 붉던 그해 남대천

연어를 생각하면 어머니가 먼저 와
얼굴을 젖게 하는 가을이 있다

강물을 흔들며 물풀로 울던
그 가을 남대천에 지금도 내가 있다

깃발, 홰를 치다

매듭은 구속이 아니라 믿음의 정표지

바람은 깃대에 묶인 나를 흔들며
접힌 날개에 힘을 불어넣었다

시퍼런 결기가 뼈를 세우면서
빈 어깨에 돋아나던 비상의 화두

쇠기러기 길 떠나는 어스름이면
철새는 어느 곳에다 꿈을 펼칠까
어느 쪽으로 날아가 둥지를 틀까

처음부터 비상은 내 몫이 아니었지만
살갑게도 우화羽化는 반쪽 길을 내주었다

어제는 왼쪽으로 오늘은 오른쪽으로
한쪽 날개로 홰를 치는 한 마리 새

나는 그렇게 바람이 채워 준 완장을 달고
공중을 부양하는 텃새가 되었다

나무가 없는 숲

높은 가림막에 갇힌 산

불에 덴 몸으로 새끼를 키우던
굴참나무는 잘 있는지
빽빽이 세워 놓은 패널이 미래를 보듯 막막하다

막힌 길을 돌아 다른 산을 오르지만
어제 갔던 길이 보이지 않는다
바람이 불어도 날릴 잎 없는 마른나무처럼
숲을 버린 땅에 왕궁을 짓고
오르내리던 비탈길을 얼마나 오래 기억할지

생각을 채 닫기도 전
푸른 미래 한 귀퉁이가 또 쓰러진다
메아리도 없이 툭!

녹차를 마시다가

연하디연한 것을 물기 없이 덮어놓고
종내 젖게 하는 난해한 문장

구두점이 겹친 행은 어떻게 읽어야 하며
버려지면서도 버리지 못하고 끌고 가는
종장의 질긴 끈은 또 무엇일까

책 한 권 읽었다고 세상을 다 알겠나
사람도 오래 보면 절로 알게 되듯이
마음길 따라 그냥 흘려보내라

초록을 우린 잔 속에서
뼈를 버린 나뭇잎이 한 말씀 주신다

돌에 기대다

손에 쥐고 있으면 혀를 눌러준다며
친구가 건넨 염주알만 한 조약돌

차가웠던 돌의 이마가 오늘은 뜨겁다

모서리를 깎고 견딤을 달인 뒤
한 알의 환약으로 내게 왔을 그

돌과 맞바꾼 시간을 되돌리자
갇혔던 혀 속에서 말들이 쏟아진다

참느라 애썼다 홀홀 풀어놓은 뒤
일기장에 쓴다

조그만 돌에 기대 하루를 살았다고

읽다가 만 책

읽다 만 책이 있네
밑줄을 많이 그은

사람이 온다는 건
한 사람의 일생이 따라온다고 하네

정독을 해야 하는 이유가 되겠지만
쉽게 읽힌다고 가볍고
어렵다고 중후한 건 아니네

오늘도 읽다가 다시 덮은 책

이해력이 부족한지
다독이 어려운 건지
내게 가장 어려운 책은 사람책이네

가을 들녘에서

초록 벗은 들판은 한 폭의 성화다

조용히 묵도하는 벼 이삭 곁
함께 고개 숙이는 논두렁 강아지풀

저 그림으로 가을에 서기까지
얼마나 많은 두근거림을 견뎌냈을까

익어 숙어지는 곡식과
익지 못해 숙어지는 나

버리고 비우면 나도
한 폭의 풍경이 될 수 있을까
스미어 하나 되는 가을이 될 수 있을까

설익은 생각도 누가 될까 봐
서둘러 풍경 속을 빠져나오는 가을 들녘에서

서설瑞雪

대설주의보가 내린 날
마당에 고양이 발자국이 찍혔다
계단 밑에 웅크린 채
눈을 피하고 있는 길고양이
인기척에 달아나는데 홀몸이 아니다
박스를 구해다 놓고
담요를 깔아 냉기를 물린다
다시 오겠지
두 내외 사는 집이 오랜만에 부산하다
만삭이니 잘 먹여야겠지
바람은 어떻게 막아야 하나
인연 하나 짓는 게 쉬운 일이 아니지만
편히 오시라
올겨울 마지막 눈은 서설이라고
고양이 집 앞에 꾹꾹 눌러쓴다

∞해 설

견딤과 그리움, 말랑하고도 단단한 역설의 언어
- 최명선 시집, 『우리가 빈 곳이라 부르는 곳』을 읽고

박완호(시인)

　우리가 발 딛고 살아가는 이곳은 눈물과 웃음, 진실과 거짓, 빛과 어둠이 뒤범벅되어 공존하는 모순투성이의 세계이다. 세상 곳곳에 숨겨진 모순의 칼날은 아무 예고 없이 때로는 절망으로 때로는 희망으로 다가서고 멀어지기를 거듭하며, 우리 마음에 지워지지 않는 상흔을 새겨 놓는다. 그렇게 상처 난 마음을 끌어안은 채, 모순 가득한 세상을 살아내기 위해 우리는 견딤과 도피의 경계에서 얼마나 주저앉고 서성거렸던가. 자기 상처에서 눈길을 돌리는 도피의 방식과 달리, 견딤은 상처를 정면으로 마주하려는 삶의 태도라 할 수 있다. 최명선의 시는 바로 그 지점에서 발화하기 시작한다. 지금껏 "견디기보다 피하기를 택한 날들"이 많았다고 여기는 시인은 어느 순간 "제 몸 헐어 비를 품는/웅덩이를 보면서" 자기 자신을 정면으로 마주하는 자리, 시적 찰나에 다다

르게 된다. 그것은 '나'를 고스란히 끌어안고 지금까지의 '나'를 빠짐없이 돌이켜 보며, 여태 자신을 가두고 있던 틀을 한순간에 뛰어넘는 일이다.

견디기보다 피하기를 택한 날들

제 몸 헐어 비를 품는
웅덩이를 보면서
내 그릇의 깊이를 생각했다

필요한 만큼만 채우고 흘려보내는
바닥 아래 그곳

먼저 와도 늦게 와도 텃세가 없어
뿌리 없는 자들이 마음 놓고 쉬다 가는

빗방울로 쌓아 말랑한 그 집은
별들도 드나드는 문이 없는 그 집은

-「말랑한 물의 집」전문

지난밤 비바람에 벚꽃이 졌다
〈

열흘도 못 앉을 꽃자리 찾아
겨울을 건너온 여리디여린 것들

잠시 머물다간 생의 자리라서
빈자리는 저렇게 서늘한 걸까

하지만 가만히 들여다보니
초록색 알전구 안부처럼 켜놓고
마실 가듯 제집으로 돌아간 꽃

그 자리가 내 자린 줄 이제 알겠다
비우고 채우는 생의 꽃자리

내 자리가 그 자린 줄 이제 알겠다

- 「이제 알겠다」 전문

 "필요한 만큼만 채우고 흘려보내는" "뿌리 없는 자들이 마음 놓고 쉬다 가는" 존재인 '물의 집'이 내포하는 의미를 읽어내는 눈을 갖게 된 그는 드디어 오래 자신을 가두고 있었던 틀에서 벗어나 새로운 '그릇의 깊이'를 얻게 되는 것이다. 한층 깊어진 그의 눈길은 간밤 비바람에 떨어져 내린 "열흘도 못 앉을 꽃자리 찾아/겨울을 건너온 여리디여린 것들"을 바라보며, 빈자리가 서늘한 까닭은 이곳이 누군가 "잠시 머물다 간 생의 자리"이기 때문임을 간파해 내고, 그러한 "비우고 채우는 생의 꽃자리"가 결국 '나'의 자리란 것을 깨닫는다. 우리가 살고 죽는 일이 "초록색 알전구 안부처럼 켜놓고/마실 가듯 제집으로 돌아간 꽃"들의 걸음과 다르지 않음을 인식하기에 이르는 것이다. 그 지점에 다다르기까지 세상의 크고 작은 존재들을 수없이 마주쳐 가며, 때로는 울고 때로는 웃고, 주저앉고 일어서기를 얼마나 거듭해 왔을지 짐작이 가고도 남는다. 시인은 그런 과정을 고스란히 겪으며 어느 순간 자신을 오롯이 드러내게 된다.

> 살다 보면 견뎌야 할 때가 있듯이
> 겨울 들판에도 그런 목숨이 있다
>
> 가는 길 잃을까
> 잡초라는 이름으로 서로를 묶은 채
> 한 생을 닫는 들판의 겨울
>
> 그곳에는 모로 누운 풀의 계보를 버리고
> 망루 같은 밭둑에 꼿꼿이 서서
> 부고도 없이 떠나는 것들을 배웅하는

강아지풀이 있다

무심히 지나치던 나를 읽으며
반갑게 짖었을 묵음의 말에
바람이려니 돌아서다 걸음을 멈췄던

우리가 빈 곳이라 부르는 곳에는
그런 것이 있다
서로가 되기 위해 나를 버린
뒤편에는 지금도 그런 이름이 있다

-「겨울 소묘」 전문

   깊고 섬세한 눈길로 사물의 드러나지 않는 속내까지를 어루만지는 최명선의 언어는 주변의 어느 것 하나도 예사롭게 흘려보내지 않는다. 시인이 마주치는 모든 존재는 저마다 시적 가능성을 내포하고 있다. 그의 시선은 전성기의 커다란 존재가 아닌 툭하면 상처받고 아파하는 작고 여린 것들, 지워지는 길목에 우두커니 서 있는 존재들을 향한다. 그것은 연민의 태도를 넘어선 연대의 감각이라 불러야 하리라. 그들 모두는 '너' '나'라는 각자의 이름이 아닌 '우리'라는 말로 불러야 할, 특별해진 존재들이다.

잎 돋던 나무 적막이 성성하다

불벼락에 쓰러져 누운 자리 삼 년

초록은 끝내 기척이 없고

꽃 달고 오시는 봄 맑은 눈 다칠까

서둘러 뼈 공양 들어간 나무 한 그루

- 「고사목」 전문

"부고도 없이 떠나는 것들을 배웅하는" "비우고 채우는 생의 꽃자리"를 정면으로 마주하고 선 시인의 삶과 세계에 대한 남다른 성찰의 감각은 어느 순간 "서둘러 뼈 공양 들어간 나무 한 그루"(「고사목」)의 의미를 읽어내는 지점에 다다르게 된다. '불벼락에 쓰러져' '적막 성성한' 고사목이 '서둘러 뼈 공양 들어간' 것이 "꽃 달고 오시는 봄 맑은 눈 다칠까" 싶어서라는 사실을 알아차릴 수 있는 이가 얼마나 될까. 삶과 죽음, 소멸과 생성을 아우르는 시인의 통찰과 상상력은 사려 깊으면서도 독특한 언어 표현을 통해 구체화 되어 나타난다.

거울 앞에 서면 집이 보인다

까치밥 환한 늦가을 아래
눅눅함을 말리는 너와집 한 채

뼛속을 비우고 중력을 늘인 건
가볍게 오라시는 신의 배려다

내가 메고 가야 할 짐
내가 살다 가야 할 집

비우고 접어 나 한 뼘 좁히면
풀꽃 몇 포기 더 넉넉해질 터

잘 말린 너와집이면
불꽃도 화르르화르르 쉽게 피겠다

-「너와집 한 채」 전문

  삶과 세계의 속뜻을 깊이 있게 읽어내려면 무엇보다도 나 자신을 제대로 바라볼 줄 알아야 한다는 것을 시인은 이미 알아차린 듯하다. '거울 앞'은 '나'를 들여다보는 자리이며, 자아에 대한 성찰을 바탕으로 자신이 존재하는 '세계'와 그곳에서의 '삶'이 내포하는 의미를 파악하는 지점이기도 하다. '거울 앞'에 서면 보이는 '너와집 한 채'가 바로 "내가 메고 가야 할 짐/내가 살다 가야 할 집"이란 것을 알아낸 그는 "비우고 접어 나 한 뼘 좁히면/풀꽃 몇 포기 더 넉넉해질" 거라는 생의 비의秘意를 깨닫기에 이르는 것이다. 불꽃도 화르르화르르 쉽게 필 만큼 '잘 말린 너와집'과 '서둘러 뼈 공양 들어간' '적막 성성한 나무'가 서 있는 자리는 다르지 않다.

시인은 시를 쓰는 과정을 통해서만 자기 자신을 증명해 나가는 존재이다. '나'는 왜 시인으로 살아가야만 하는지를 끝없이 되물어 가며, 타성에 젖지 않으려 애쓰는 시인의 모습을 떠올려 보라. 시 쓰기의 고통과 꿈꾸는 시를 낳는 과정을 충실하게 담아내려 애쓰는 최명선의 시들은 그러한 시인의 마음가짐을 진정성 있게 펼쳐 보인다.

    제 몸 때리며 허공에 글을 써도
    바람이 지나가는 소린 줄만 알았다

    한 말씀 주시면 두 말씀 흘리면서
    헐었다 쌓았다 안절부절못하던 날

내게도 맑은소리 보이는 거라

뉘엿뉘엿 시든 몸 돌아눕히던 새벽
안절부절도 공양이 됐는지
캄캄한 잠귀를 두드리는 소리

드디어 내게도 보는 귀를 주신 거라
가는 길이 걱정되어 지켜보다가
그믐 고리에 풍경風聲 하나 걸어주신 거라

-「그믐달」 전문

 '그믐 고리에 걸린 풍경風聲'은 '시'의 다른 이름이다. 그것은 '보는 귀'를 얻은 이만이 가닿을 수 있는 어떤 지점에 놓여 있는, 더없이 아름다운 언어의 결실이다. 그곳까지 다다르기 위해서는 "한 말씀 주시면 두 말씀 흘리면서/헐었다 쌓았다 안절부절"못하는 숱한 날들을 어떻게든 건널 수 있어야 한다. 밤새 시든 몸 돌아누우며 안절부절 '공양'을 쌓아가는 일은 시 쓰기의 지난한 과정을 가리킨다. 그런 과정을 거쳐 마침내 시인은 '듣는 귀'가 아닌 '보는 귀'를 얻게 되고, '바람이 지나가는 소리'인 줄만 알았던 것이 '그믐 고리에 걸린 풍경風聲'임을 보고 깨닫는 지점에 이르는 것이다. 그곳까지 가려면 시인은 말을 밖으로 꺼내 놓는 대신 속으로 삭여가며 셀 수 없는 날들을 견뎌내야만 한다. '그믐 고리에 걸린 풍경 소리'를 보는 눈을 얻는 일이란 어떤 의미에서는 '무無'에 가까운 무언가를 완벽하게 읽어내는 것이기 때문이다.

궛바퀴에 끼인 말이 있어

잘못 만지면 아플 것 같은
낯선 말이 있어
오이지 담듯 안으로 들여
누름돌을 얹는다

제 물에 삭혀 부드럽게 휘어진 말
날것의 비릿함보다
꼬들꼬들 간이 되어 쓰임새 좋은 말

옳되 겉돌지 않고 다르되 틀리지 않는
숙성된 말을 꺼내 놓고
말의 값을 하거라 신발 끈을 묶어 주는

잘 익은 가을, 말 항아리 곁에서

- 「말을 삭히다」 전문

앞에서 말했듯, 시인이 여기저기서 마주치는 것들은 저마다 시적 가능성을 내포하고 있다. 그 가운데 어떤 것들은 적당한 숙성 시기를 거쳐 한 편의 시로 세상에 태어나는 것이다. 최명선 시인은 「말을 삭히다」에서 자신이 "귓바퀴에 끼인" "잘못 만지면 아플 것 같은/낯선 말"을 "오이지 담듯 안으로 들여/누름돌을 얹"어가며 그것이 '잘 익을' 때까지 충분히 기다려 줄 마음의 준비가 되어 있음을 솔직히 드러낸다. 그런 후에야 "옳되 겉돌지 않고 다르되 틀리지 않는/숙성된 말을 꺼내 놓고/말의 값을 하거라" 하면서 신발 끈을 묶어 주는 '진정한 시인'으로 자리매김하게 되리란 것을 너무 잘 알고 있기 때문이다.

자유롭던 언어의 맑은 영혼이
이름 없는 시인의 시집에 갇혀 울고 있었네

근육을 잃은 자모의 뼈대들이
울음의 힘으로 견디고 있는 내 가여운 시의 집

이름 없는 시인의 시집 속에는
나이테를 잃어버린 나무들이
풀 죽은 시어들이

살아보려고, 살아내려고

날마다 잠긴 문고리를 흔들고 있다네

  -「이름 없는 시인의 시집 속에는」 부분

사글세 미리 내는 것처럼

이름값을 치르고 나니 세상 편하긴 하다만

유명인들은 시 주고 돈 받고

무명인 나는 시 주고 돈 주고

불공평이 공평인 시대에

굵지도 못하고 늘일 것도 없으니

아무리 생각해도 이번 생은 궁리 밖이지만

아버지가 지어주신 이름에

무명자를 붙이고 보니

밝기는 했나 착하기는 했나

깊은 허물에

아버지보다 내가 먼저 아팠다

  -「이름에 불을 켜 내거는 밤」 부분

하지만 정작 시인이 마주한 현실은 그의 기대와는 달리 '불공평이 공평인', 모든 게 어긋나 있는 모순 가득한 세상이다. "이름 없는 시인의 시집에 갇혀 울고 있"는 "자유롭던 언어의 맑은 영혼"은 부조리한 세계를 가로지르는 한 시인의 순수하고도 아픈 자의식을 고스란히 드러낸다. 검푸른 울음소리를 머금은 채 책장에 꽂혀 있는 '이름 없는 시인의 시집'은 바로 "근육을 잃은 자모의 **뼈대들**이/울음의 힘으로 견디고 있는 내 가여운 시의 집"인 것이다. "살아보려고, 살아내려고/날마다 잠긴 문고리를 흔들고" 있는 '풀 죽은 시어들'은 어떤 상황에서도 시의 끈을 놓지 않으려는 한 시인의 치열한 정신과 맞닿아 있다. "유명인들은 시 주고 돈 받고/무명인 나는 시 주고 돈 주"는 불공평한 현실 속에서 그가 느끼는 무명 시인으로서의 자괴감은 역설적으로 자기 스스로 진정한 시인임을 깨닫고 있는 한 시인의 **빼어난** 자긍심을 바탕으로 하는 것이다. 이성선 시인의 "나뭇잎 하나가/아무 기척도 없이 어깨에/툭 내려앉는다/내 몸에 우주가 손을 얹었다/너무 가볍다"(이성선의 시 「미시령 노을」)라는 눈부신 언어를 떠올리게 하는 "나뭇잎 하나가 지구만 하다"(「세상에서 가장 따뜻한 잠」)라는 역설적 표현은 삶(세계)의 무거움과 가벼움을 한순간에 포착해 낸 화자의 깊이 있는 인식을 엿보게 한다.

> 우듬지를 지키던 마지막 잎
> 하직 인사를 한다
> 세상에 필요한 거름이 되거라

줄 게 없는 어미는 야윈 몸을 흔들어

자식의 등을 힘껏 민다

어미 살을 축내지 않기 위해

품을 떠난 자식은

가던 길 되돌아와 가만가만

잠든 어미의 언 발등을

제 몸으로 덮는다

나뭇잎 하나가 지구만 하다

　　　　　　-「세상에서 가장 따뜻한 잠」전문

어디서 왔는지 나비 두 마리

자식들 머리 위 춤추듯 도시네

… 중략 …

하늘 한쪽에 쌓여 있는 주인 잃은 별 무더기

지상을 향해 놓다가 만 징검 별 다리

　　　　　　　-「나비 가시다」부분

아슬아슬을 지고 자식 위해 달렸던

아버지 필생의 바큇자국이었다

- 「연두가 기울어 초록으로 구르는 동안」 부분

"가던 길 되돌아와 가만가만/잠든 어미의 언 발등을/제 몸으로 덮는" 나뭇잎의 숨은 뜻을 헤아리는 시인의 눈은 '부모님 수목 합장하는 날' "자식들 머리 위 춤추듯도"는 어디서 왔는지 모를 '나비 두 마리'(「나비 가시다」)를 만나고, "아슬아슬을 지고 자식 위해 달렸던/아버지 필생의 바큇자국"(「연두가 초록으로 구르는 동안」)에 깃든 의미를 읽어내기에 이른다. "팔랑거리던 연두와 초록은/어디로 가고/기울고 가파른 갈색 길만 남"은 이곳에서 저세상에 가 있는 그리운 이들을 떠올리는 그의 '그렁그렁'한 눈길 속으로 밤하늘 한쪽 '지상을 향해 놓다가 만 징검돌'처럼 쌓여 있던 '별 무더기'가 아름답게 파고든다.

산 이름 날로 묻어 그 흔적 내내 붉다

앓을 만큼 앓아야 낫는 생인손처럼

살다 보면 어떻게든 새살이 돋겠지만

새살 돋아 없는 듯 아물겠지만

보고 싶었노라고,

정말 보고 싶었노라고

부치지 못한 내 푸르던 날의 마지막 편지 한 장

- 「노을을 적시는 이름」 전문

그대

벌레 먹은 갈잎 되어

바람 깊은 겨울을 건너본 적 있나요

빈 가지 끝

웅크린 채 매달린 한 장의 갈잎처럼

세상 끈 꼭 잡고 울어 본 적 있나요

어둠을 비추는 은은한 달빛처럼

겨울나무 아래 서서 그저 고요히

마음 한쪽 내주던 눈 붉은 사람

눈길 하나만으로도 살아갈 힘을 주는

그 사람이 그대였으면 참 좋겠습니다

우리는 울타리의 또 다른 이름

감싸주며 함께 사는 눈 맑은 사람

그 사랑을 지켜주는 따뜻한 울타리가

바로 우리였으면 참 좋겠습니다

- 「우리를 이루는 기도」 전문

최명선의 시가 그려내는 사랑과 그리움은 '나' '너'의 범주를 넘어 '우리'라는 또 다른 이름의 울타리로 황홀하게 번져간다. 그것은 "앓을 만큼 앓아야 낫는 생인손처럼"(「노을을 적시는 이름」) 새살이 돋을 때까지 매 순간 끝없이 아파하고 그리워한 후에야 비로소 얻게 되는 것이며, "빈 가지 끝/웅크린 채 매달린 한 장의 갈잎처럼/세상 끈 꼭 잡고 울어"가며 "바람 깊은 겨울을 건너본 적 있"(「우리를 이루는 기도」)는 존재만이 다다를 수 있는 지점이다.

  최명선의 시는 푸르던 삶의 날이 내내 붉어질 때까지 막무가내로 들이닥치는 아픔과 그리움을 앓을 만큼 다 앓고 난 어느 찰나, '정말 보고 싶었노라고' 마지막으로 건네는 한마디 같은 '그리움의 노래', "겨울나무 아래 서시 그저 고요히/마음 한쪽 내주던 눈 붉은 사람"의 '사랑의 기도' 같은 고통스럽고도 따뜻한 언어의 결실이다. '견디기보다 피하기를 택한' 지난날들을 진지하게 돌이켜보며 '나'의 새로운 '그릇의 깊이'를 만들어 가려는 시인의 발길은 어느 순간 '비우고 채우는 생의 꽃자리'가 자신의 자리임을 깨닫는 지점에 당도하고 있다. '무심히 지나치던 나를 읽'게 되는 자리에 다다르는 순간 시인은 또 다른 지점을 찾아 걸음을 옮기기 시작할 것이다. 그런 의미에서 시인이 말하는 '우리가 빈 곳이라 부르는 곳'은 완성되는 순간 무너지고, 무너지는 순간 새로 시작되는, '소멸-생성-소멸'이 끝없이 변주되며 이어지는 역설적 공간이라 할 것이다. '재 속에서 살아나는 잉걸의 불씨'(「산막에 핀 바람꽃」) 같은 그의 언어가 진지하면서도 개성 짙은 생명력을 지니고 많은 이들에게 감명 깊은 울림으로 다가가게 되기를 기대한다.

상상인 시인선 *082*

우리가 빈 곳이라 부르는 곳

지은이 최명선
초판인쇄 2025년 9월 1일 **초판발행** 2025년 9월 8일
펴낸곳 도서출판 상상인 **편집주간** 황정산 **펴낸이** 진혜진
표지디자인 최혜원 **기획·마케팅** 전은빈 최유림 노혜림 정현수
책임교정 길상화 **편집** 세종PNP
등록번호 제572-96-00959호 **등록일자** 2019년 6월 25일
주소 06621 서울시 서초구 서초대로74길 29, 904호
전화번호 02-747-1367, 010-7371-1871
팩스 02-747-1877 **전자우편** ssaangin@hanmail.net

ISBN 979-11-7490-006-7 (03810)

값 12,000원

* 이 도서는 2025년 강원특별자치도, 강원문화재단 후원으로 발간되었습니다.
* 이 책은 전부 또는 일부 내용을 재사용하려면 반드시 저작권자와 도서출판 상상인의 동의를 받아야 합니다.
* 이 도서의 국립중앙도서관 출판시도서목록(CIP)은 서지정보유통지원시스템 홈페이지(http://seoji.nl.go.kr)와 국가자료공동목록시스템(http://www.nl.go.kr/kolisnet)에서 이용하실 수 있습니다.